VENTE

Du Jeudi 14 Décembre 1905

à trois heures

HOTEL DROUOT, SALLE N° 1

TABLEAUX ANCIENS

DES ÉCOLES

Anglaise et Hollandaise

EXEMPLAIRE DE H. STETTINER

Mᵉ F. LAIR-DUBREUIL

COMMISSAIRE-PRISEUR

M. GEORGES SORTAIS

EXPERT PRÈS LE TRIBUNAL CIVIL

TABLEAUX ANCIENS

CONDITIONS DE LA VENTE

Elle sera faite au comptant.

Les Acquéreurs payeront *dix pour cent* en sus des prix d'adjudication.

Paris. — Imp. Georges Petit. — 16069-05.

CATALOGUE

DES

Tableaux Anciens

DES ÉCOLES

ANGLAISE ET HOLLANDAISE

Œuvres importantes de

KAUFFMANN (A.), LAWRENCE, MORLAND, NASMYTH
REYNOLDS, ETC.

Dont la vente, aux enchères publiques, aura lieu

HOTEL DROUOT, SALLE N° 1

Le Jeudi 14 Décembre 1905

à trois heures

Me LAIR-DUBREUIL	M. GEORGES SORTAIS
COMMISSAIRE-PRISEUR	EXPERT PRÈS LE TRIBUNAL CIVIL
6, rue de Hanovre, 6	11, rue Scribe, 11

Chez lesquels se distribue le présent catalogue

EXPOSITION PUBLIQUE

Le Mercredi 13 Décembre 1905, de 2 heures à 6 heures

DÉSIGNATION

CONSTABLE

(JOHN)

1 — Portrait du fils de l'artiste.

Vu à mi-corps dans un paysage, la tête de trois
quarts à gauche ; il est vêtu d'un habit de velours
bleu à large collet et à petits boutons dorés ; il
tient sa cravache dans la main gauche.

Toile. Haut., 70 cent.; larg., 60 cent.

GAINSBOROUGH

(ÉCOLE DE)

2 — **Portrait de William Boswell.**

A mi-corps, de trois quarts vers la gauche ; il
porte une perruque poudrée à marteau ; au cou,
une cravate de mousseline blanche, encadrée d'un
gilet de drap rouge ; il est vêtu d'un habit de drap
gris à grand col rabattu.

Toile. Haut., 75 cent.; larg., 65 cent.

HARLOW

(ÉCOLE DE)

3 — **The Fortune Teller.**

Toile. Haut., 58 cent.; larg., 77 cent.

KAUFFMANN

(ANGELICA)

4 — Vénus présentant Hélène à Pâris.

Toile. Haut., 90 cent.; larg., 1 m. 45 cent.

LANDSEER

(SIR EDWIN), R. A.

5 — La Retraite du braconnier.

Dans sa chaumière, un braconnier s'apprête à dépecer un cerf mort à ses pieds ; près de lui, son chien fait le guet.

Toile. Haut., 62 cent.; larg., 75 cent.

LAWRENCE

(SIR THOMAS), P. R. A.

6 — Portrait de Mrs. Richardson.

Assise sur un banc de pierre sous une colonnade, elle est entourée de ses enfants; derrière, un grand rideau de velours vert se détachant sur un ciel nuageux.

Toile. Haut., 1 m. 35; larg., 1 m. o5

*Provient de la collection de Mrs. Fortescue,
fille de Mrs. Richardson.*

LAWRENCE

(SIR THOMAS), P. R. A.

7 — Portrait de Lady Londonderry.

Elle est vue de face et debout, au milieu d'un paysage à terrain découvert, orné de bouquets d'arbres à droite et à gauche.

Son ravissant visage tourné de trois quarts vers la gauche, sa chevelure blonde en désordre, retenue par un large ruban de soie blanche, les mains derrière le dos ; elle est vêtue d'une robe de mousseline blanche ouverte sur la poitrine ; sa taille est enveloppée dans une large écharpe de satin bleu.

Très gracieuse peinture, d'une facture élégante et limpide.

Toile. Haut., 1 m. 25 ; larg., 1 m. 03.

LAWRENCE

(ATTRIBUÉ A SIR THOMAS)

8 — Portrait de Miss Crocker.

Vue de face, en buste, la tête légèrement penchée sur l'épaule gauche ; elle porte un corsage blanc amplement décolleté.

Toile. Haut., 64 cent.; larg., 54 cent.

MOLENAER (?)

9 — Intérieur de cabaret.

Bois. Haut., 32 cent.; larg., 42 cent.

MORLAND

(G.)

10 — Le Troupeau.

5 000

Trois moutons debout au pied d'un grand arbre se détachant sur un ciel nuageux ; derrière un pli de terrain, à gauche, un pâtre et son chien les regardent.

Toile. Haut., 82 cent. ; larg., 1 m. 12.

MULLER

(WILLIAM)

11 — Paysage par un temps orageux.

1.750
Paul Roux.

Au milieu des champs, des paysans conduisent un troupeau de vaches, se détachant sur le paysage ensoleillé ; au premier plan, deux petits pêcheurs jettent leurs lignes dans un cours d'eau que traverse un pont de pierre.

Peinture aux tonalités brillantes et d'une robuste exécution.

Toile. Haut., 68 cent.; larg., 1 m. 10.

NAIVEU

12 — Propos de vieux galant.

100

Signé et daté en bas.

Bois. Haut., 34 cent.; larg., 42 cent.

NASMYTH

(P.)

13 — Portrait du poète Robert Burns.

1.100

Vu à mi-corps dans un paysage montagneux, la tête tournée de trois quarts vers la gauche, il est vêtu d'un habit de drap bleu et porte un gilet jaune encadrant sa large cravate de mousseline blanche.

Toile. Haut., 75 cent ; larg., 63 cent.

(Collection du Dr Rowe, de Glasgow.)

NORTHCOTE

(JAMES)

14 — La Jeune Fruitière anglaise.

Assise sur un banc de pierre, les mains croisées,
son petit chien à ses pieds ; à gauche et à droite,
un panier garni de pommes et de châtaignes.

Toile. Haut., 1 m. 75; larg., 1 mètre.

REYNOLDS

(SIR JOSHUA), P. R. A.

15 — Portrait de Mrs. Carter en costume de Sybil.

Accoudée à une table, devant un livre, le corps
de face, la chevelure retenue par un cercle d'or ;
elle est vêtue de blanc.

A été gravé par S. W. Reynolds.

Toile. Haut., 90 cent.; larg., 70 cent.

REYNOLDS

(SIR JOSHUA), P. R. A.

16 — Portrait de jeune femme.

Vue à mi-corps, tournée de trois quarts vers la droite, les yeux fixant le spectateur ; elle porte une robe de satin gris bleu à crevés de satin blanc aux manches ; son corsage est traversé d'une écharpe de même couleur ; elle tient de la main gauche les plis d'une écharpe bleue.

Peinture de la jeunesse du maitre.

Toile. Haut., 75 cent.; larg., 62 cent.

SCHALKEN

(ATTRIBUÉ A)

17 — La Marchande d'œufs.

Bois. Haut., 32 cent.; larg., 23 cent.

SHEE

(SIR MARTIN ARTHUR), P. R. A.

**18 — Portrait de l'acteur John Phi-
lipp Kemble.**

Assis et accoudé dans un fauteuil de velours
rouge, la tête légèrement penchée sur la main
gauche, de trois quarts vers la droite, il porte un
habit de drap noir et un gilet bleu.

Toile. Haut., 77 cent.; larg., 64 cent.

WATTEAU

(D'APRÈS)

19 — La Comédie Italienne.

Copie ancienne.

Toile. Haut., 38 cent.; larg., 33 cent.